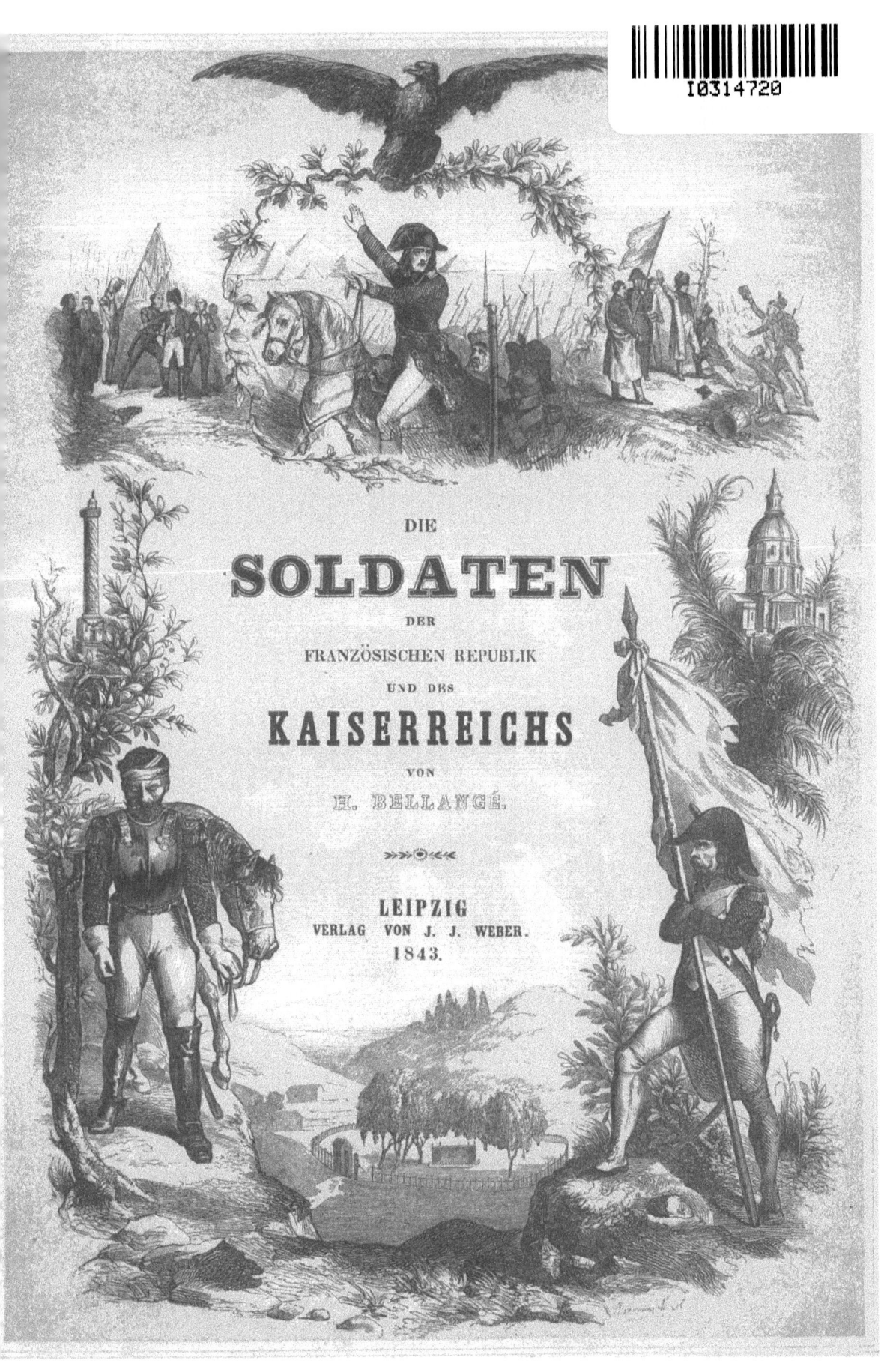

Die Soldaten

der französischen

Republik und des Kaiserreichs.

The Naval & Military Press Ltd

Published by

The Naval & Military Press Ltd
Unit 5 Riverside, Brambleside
Bellbrook Industrial Estate
Uckfield, East Sussex
TN22 1QQ England

Tel: +44 (0)1825 749494

www.naval-military-press.com
www.nmarchive.com

In reprinting in facsimile from the original, any imperfections are inevitably reproduced and the quality may fall short of modern type and illustration standards.

Die Soldaten

der französischen

Republik und des Kaiserreichs.

Von
Hippolyte Bellangé.

Leipzig
Verlagsbuchhandlung von J. J. Weber.
1843.

Die Soldaten

der französischen

Republik und des Kaiserreichs.

Coloured plates in order:

1. Frontispiece. Bonaparte. Oberbefehlshaber der Armee von Italien.
2. General der Republik und sein Guide. (1795)
3. Husar. (1795)
4. Linien-Cavallerie. (1795)
5. Linien-Infanterie. (1795)
6. Officier der Leichten Infanterie. (1795)
7. Capitain der Marine.
8. Dromedar-Regiment. (1798.) Egyptische Armee
9. Der Kaiser Napoleon.
10. Kaiserliche Garde. Gendarme von der Elite.
11. Kaiserliche Garde. Mameluck.
12. Eleve der Polytechnischen Schule. (1812.)
13. Ordonnanzofficier des Kaisers.
14. Karabinier. (1805.)
15. Linieninfanterie. Tambour / Grenadiere der Kaiserlichen Garde. Tambour-Major.
16. Kaiserliche Garde. Fuselier-Grenadier. Paradeanzug.
17. Kaiserliche Garde. (L) Jager-Sergent zu Fuss in gewohnlichem Sommer-Dienstanzuge / (R) Jager zu Fuss in vollstanigem Sommer-Dienstanzuge.
18. Kaiserliche Garde. Dragoner.
19. Kaiserliche Garde. Grenadier zu Pferde.
20. Kaiserliche Garde. Sappeur vom Genie.
21. Linien Infanterie. (1808.) Grenadier --- Voltigeur.

22. Kaiserliche Garde. Lanciers. 2nd Regiment.
23. Dragoner und Dragoner-Sapeur. (1809.)
24. Kaiserliche Garde. Tirailleur und Voltigeur.
25. Artillerie-Train. --- Fuss Artillerie (1809.)
26. Leichte Infanterie. Voltigeur. Karabiner. (1809.)
27. Kurassier. (1809.)
28. Husar. (1809.)
29. Kaiserliche Garde. Grenadier. (3rd hollandisches, Regiment).
30. Kaiserliche Garde. Zogling.
31. Polnische Legion. Regiment der Weichsel. (1810)
32. Divisionsgeneral und sein Adjutant. (1812)
33. Schweizerregiment. (1812.) Grenediere.
34. Kaiserliche Garde. (1812) Pauker der polnischen Lanzenreiter ---- Trompeter der Jager zu Pferde.
35. Franzosischer Chevau-Leger. (1812.)
36. Artillerie zu Pferde. (1812.)
37. Polnischer Lanzenreiter. (1812.)
38. Karabinier. (1812.) \
39. Eugen Beauharnais als Oberst der Jager zu Pferde (Kaiserliche Garde). (1804-1809)
40. Joachim Murat.
41. Joseph Poniatowsky.
42. Kaiserliche Garde. Seesoldat.
43. Jaeger zu Pferde. (1814)
44. Ehrengarde. (1814)
45. Kaiserliche Garde. Grenadiere. Soldat / Officier.
46. Kaiserliche Garde. Fussartillerie und Train.
47. Kaiserliche Garde. Reitende Artillerie.
48. Kaiserliche Garde. Lanciers. Erstes Regiment.
49. Kaiserliche Garde. Reitende Jager. Officier.
50. Invalide.

BONAPARTE.
Oberbefehlshaber der Armee von Italien.

GENERAL DER REPUBLIK
und sein Guide.
(1795.)

HUSAR.
(1795.)

LINIEN-CAVALLERIE.
(1795.)

LINIEN-INFANTERIE.
(1795.)

Plate 5

OFFICIER DER LEICHTEN INFANTERIE.
(1795.)

CAPITAIN DER MARINE.

DROMEDAR-REGIMENT.
(1798.)
Egyptische Armee.

DER KAISER NAPOLEON.

ELEVE DER POLYTECHNISCHEN SCHULE.
(1812.)

KAISERLICHE GARDE.
Gendarme von der Elite.

KAISERLICHE GARDE.
Mameluck.

LINIENINFANTERIE.   GRENADIERE DER KAISERLICHEN GARDE.
Tambour.   Tambour-Major.

Plate 13

ORDONNANZOFFICIER DES KAISERS.

KARABINIER.
(1805.)

KAISERLICHE GARDE.
Füselier-Grenadier. Paradeanzug.

KAISERLICHE GARDE.

Jäger-Sergent zu Fuss
in gewöhnlichem Sommer-Dienstanzuge.

Jäger zu Fuss
in vollständigem Sommer-Dienstanzuge.

KAISERLICHE GARDE.
Dragoner.

KAISERLICHE GARDE.
Grenadier zu Pferde.

KAISERLICHE GARDE.
Sappeur vom Genie.

LINIEN-INFANTERIE.
(1808.)
Grenadier. — Voltigeur.

KAISERLICHE GARDE.
Lanciers. 2tes Regiment.

Plate 22

DRAGONER UND DRAGONER-SAPEUR.
(1809.)

KAISERLICHE GARDE.
Tirailleur und Voltigeur.

ARTILLERIE-TRAIN. — FUSS-ARTILLERIE.
(1809.)

Plate 25

LEICHTE INFANTERIE.
Voltigeur.   Karabiner.
(1809.)

KÜRASSIER.
(1809.)

HUSAR.
(1809.)

Plate 28

KAISERLICHE GARDE.

Grenadière.

(3tes, holländisches, Regiment).

KAISERLICHE GARDE.
Zögling

POLNISCHE LEGION.
Regiment der Weichsel.
(1810.)

DIVISIONSGENERAL UND SEIN ADJUTANT.
(1812.)

SCHWEIZERREGIMENT.
(1812.)
Grenadiere

KAISERLICHE GARDE.
(1812.)

Pauker der polnischen Lanzenreiter. — Trompeter der Jäger zu Pferde.

FRANZÖSISCHER CHEVAU-LEGER.
(1812.)

ARTILLERIE ZU PFERDE.
(1812.)

POLNISCHER LANZENREITER.
(1812.)

KARABINIER.
(1812.)

EUGEN BEAUHARNAIS
als Oberst der Jäger zu Pferde (Kaiserliche Garde).
(1804 — 1809.)

JOACHIM MURAT.

Plate 40

JOSEPH PONIATOWSKY.

KAISERLICHE GARDE.

Seesoldat.

Plate 42

JAEGER ZU PFERDE.
(1814.)

EHRENGARDE.
(1814.)

KAISERLICHE GARDE. GRENADIERE.
Soldat.   Officier.

KAISERLICHE GARDE.
Fussartillerie und Train.

KAISERLICHE GARDE.
Reitende Artillerie.

Plate 47

KAISERLICHE GARDE.
Lanciers. Erstes Regiment.

KAISERLICHE GARDE.
Reitende Jäger. Officier.

INVALIDE.

www.ingramcontent.com/pod-product-compliance
Lightning Source LLC
Chambersburg PA
CBHW061138230426
43662CB00023B/2464